BEI GRIN MACHT SICH IH... WISSEN BEZAHLT

- Wir veröffentlichen Ihre Hausarbeit,
  Bachelor- und Masterarbeit

- Ihr eigenes eBook und Buch -
  weltweit in allen wichtigen Shops

- Verdienen Sie an jedem Verkauf

Jetzt bei www.GRIN.com hochladen
und kostenlos publizieren

Kai Cardinal von Widder

IT-Outsourcing & IT-Offshoring

GRIN Verlag

Bibliografische Information der Deutschen Nationalbibliothek:

Die Deutsche Bibliothek verzeichnet diese Publikation in der Deutschen National-
bibliografie; detaillierte bibliografische Daten sind im Internet über http://dnb.d-
nb.de/ abrufbar.

Impressum:

Copyright © 2012 GRIN Verlag GmbH
Druck und Bindung: Books on Demand GmbH, Norderstedt Germany
ISBN: 978-3-656-43313-2

GRIN - Your knowledge has value

Der GRIN Verlag publiziert seit 1998 wissenschaftliche Arbeiten von Studenten, Hochschullehrern und anderen Akademikern als eBook und gedrucktes Buch. Die Verlagswebsite www.grin.com ist die ideale Plattform zur Veröffentlichung von Hausarbeiten, Abschlussarbeiten, wissenschaftlichen Aufsätzen, Dissertationen und Fachbüchern.

Besuchen Sie uns im Internet:

http://www.grin.com/

http://www.facebook.com/grincom

http://www.twitter.com/grin_com

WINGS-FERNSTUDIUM
AN DER HOCHSCHULE WISMAR

Fakultät für Wirtschaftswissenschaften

Seminararbeit

IT-Outsourcing und IT-Offshoring als Gestaltungsmerkmal des IT-Managements

im Seminar Einführung in das IT-Management und IT-Consulting

eingereicht von: Kai Cardinal von Widder

Studiengang: Master Wirtschaftsinformatik

Ebersberg, den 18. Januar 2012

I. Inhaltsverzeichnis

II. Abbildungsverzeichnis

III. Tabellenverzeichnis

IV. Abkürzungsverzeichnis

ASP   Application Service Provision
BPO   Business Process Outsourcing
IT   Informationstechnologie

LoI   Letter of Intent
RP   Risikopotenzial
SaaS   Software as a Service
SLA   Service Level Agreement
SoD   Software on Demand
TCO   Total Cost of Ownwership
V_{UE} Verlust eines unerwünschten Ergebnisses
W_{UE} Wahrscheinlichkeit unerwünschter Ergebnisse

1. Einleitung

Die vorliegende Arbeit entstand im Fach „Einführung in das IT-Management und IT-Consulting". Dieses Arbeitsgebiet ist integraler Bestandteil des Masterstudiengangs „Wirtschaftsinformatik" an der Hochschule Wismar.

1.1. Zielsetzung der Arbeit

Diese Seminararbeit hat das Ziel, das genannte Thema in Zusammenhang mit der Wirtschaftsinformatik zu bringen und den Kontext zum IT-Management herzustellen. Im Rahmen einer Begriffsdefinition soll eine inhaltliche Abgrenzung zwischen IT-Outsourcing und IT-Offshoring erfolgen. Die Vorgehensweise sowie das finale Ergebnis sind dabei zu unterschieden.
Ferner sollen die betrieblichen Beweggründe und Ziele näher beleuchtet und miteinander verglichen werden. Die Kostensenkung steht dabei im Mittelpunkt. Weitere nicht zu vernachlässigende Gründe sind die Erhöhung der Flexibilität, der Effizienz und der Qualität.[1]
Aufbauend auf den Gründen und Zielen werden die einzelnen Umsetzungsphasen beschrieben. Hier liegt der Fokus auf einer strategischen Betrachtung. Wesentliche Punkte sind dabei die Konzeption, die Umsetzung sowie der laufende Betrieb.
Da es sich bei diesen Gestaltungsmöglichkeiten um geschäftspolitische Entscheidungen handelt, ist eine detaillierte Risikobetrachtung notwendig. Dabei werden die einzelnen Risikoebenen untersucht. Ferner erfolgt eine Bewertung der wesentlichen Risiken.
Trends in der Auslagerung sollen vor dem Hintergrund der damit verbundenen Effekte, insbesondere dem Arbeitsplatzverlust in den Industrieländern, beleuchtet werden. Hybride Lösungen, wie Cloud Computing, Software on Demand und Software as a Service sind dabei typische Schlagworte.
Das abschließende Fazit gibt auf Basis der oben genannten Punkte eine Handlungsempfehlung für typische Entscheidungssituationen, in denen aktiv über eine IT-Outsourcing- oder IT-Offshoring-Maßnahme nachgedacht wird.

1.2. Einordung in die Wirtschaftsinformatik

Als wesentliche Punkte des IT-Managements sind in den letzten Jahren verstärkt das IT-Outsourcing und das IT-Offshoring in den Fokus von Unternehmen gerückt. Beide stellen Auslagerungsstrategien hinsichtlich zu definierender IT-Aufgaben an externe Dienstleister dar. Jede der einzelnen Strategien wird dabei auf verschiedene Art und Weise verfolgt bzw. umgesetzt.
Erklärtes Ziel beider Strategien ist die Kostenreduktion im auslagernden Unternehmen. Hier spielt die IT eine wesentliche Rolle, da dieser Bereich nicht selten einen enormen Kostenblock auf sich vereint. In einem Großteil der Unternehmen kommt der Umstand hinzu, dass die IT nicht zum zentralen Kerngeschäft gehört.[2]
Das IT-Outsourcing und das IT-Offshoring bilden vor den genannten Hintergründen einen Gestaltungsspielraum im Hinblick auf ein effizientes IT-Management. Sowohl unter betriebswirtschaftlichen Gesichtspunkten als auch unter Aspekten der reinen Informatik ergeben sich mit diesen beiden Stilmitteln gestalterische Möglichkeiten auf Managementebene. Im Rahmen der Ökonomie liegt der Schwerpunkt auf der Kostenreduktion. Aus Sicht der Informatik ergibt sich ein Fokus beim Know-How-Transfer bei gleichbleibender Qualität.

---

[1] Vgl. (Hansen/Neumann, Wirtschaftsinformatik 1, 10. Auflage)
[2] Vgl. (Hansen/Neumann, Wirtschaftsinformatik 1, 10. Auflage)

2. Begriffsdefinition

Sowohl das IT-Outsourcing als auch das IT-Offshoring verfolgen die Strategie, bestimmte IT- oder IT-nahe Geschäftsfelder langfristig aus dem Unternehmen auszulagern und auf Dritte zu übertragen. Diese Geschäftsfelder können teilweise oder ganz an einen Dienstleister abgetreten werden.
Beide Begriffe verbindet das Primärziel der Kostenreduzierung. Sekundärziele sind die Erhöhung der Flexibilität, eine Steigerung der Effizienz und der Qualität.
Da sich das IT-Outsourcing und das IT-Offshoring in der Auslegung nahe stehen, ergibt sich eine hohe kombinatorische Vielfalt. Die damit verbundene Komplexität erhöht sich durch die Möglichkeit, dass einzelne Formen des Outsourcing und Offshoring innerbetrieblich nebeneinander existieren können.

2.1. Abgrenzung der Begrifflichkeiten

Das IT-Outsourcing und das IT-Offshoring sind begrifflich eng miteinander verbunden. Eine Abgrenzung kann anhand der Dimensionen nach Jouanne-Dietrich erfolgen. Hauptgrößen sind die finanzielle Abhängigkeit, der Leistungsumfang, der Leistungsgegenstand, die Anzahl der Dienstleister sowie der Standort. Die **Abbildung 1** gibt diese Dimensionen wieder. [3]

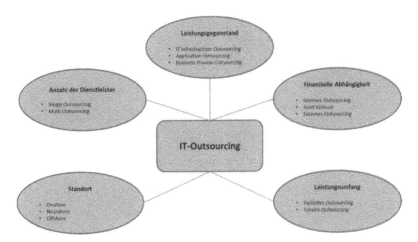

ABBILDUNG 1 - DIMENSIONEN VON IT-OUTSOURCING UND IT-OFFSHORING NACH JOUANNE-DIETRICH

Ein hinreichendes Unterscheidungsmerkmal ist dabei allerdings nur die Dimension des Standortes. Jouanne-Dietrich unterscheidet dabei nach den Begriffen Onshore, Nearshore und Farshore. Onshore beschreibt eine Auslagerungsstrategie, bei der die Dienstleistung im Inland verbleibt. Beim Nearshoring erfolgt die Auslagerung in ein sprach- und kulturverwandtes Nachbarland. Geografisch verbleibt die Dienstleistung auf dem eignen Kontinent. Beim Offshoring werden sprachliche und kulturelle Grenzen durchbrochen. Die Auslagerung erfolgt kontinentübergreifend. Per Definition würde Onshore für typisches Outsourcing sprechen, wo hingegen die Begriffe Near- und Farshore ein Offshoring darstellen, unterschieden nach der beschriebenen geografischen Tragweite.

---

[3] Vgl. (Jouanne-Dietrich; Die euphorie.de IT-Sourcing-Map)

Wichtig ist, dass mit dem Begriff Outsourcing nicht zwingend eine Änderung des Standortes der auszulagernden Bereiche verbunden ist. Eine Outsourcingmaßnahme kann durchaus betriebsintern durchgeführt werden. Entsprechende Bereiche werden vertraglich vom Unternehmen separiert, verbleiben aber am Standort. Der Outsourcingpartner erbringt die Dienstleistung betriebsintern.

2.2. IT-Outsourcing

Im IT-Outsourcing werden zuvor intern wahrgenommene IT-Aufgaben eines Betriebes an selbständige, externe Dritte vergeben. Ein Vertrag definiert dabei die Dauer und die Güte der zu erbringenden Leistung. Beim IT-Outsourcing sitzt der aufnehmende Dienstleister im Inland oder in einem sprachverwandten Nachbarland. Die räumliche und sprachliche Nähe ist stets gegeben.
Eine neue Dimension im IT-Outsourcing ist das Business Process Outsourcing. Hier erfolgt die Auslagerung von permanent anfallenden Prozessen, die vorher eigenständig verrichtet worden, in großen Dimensionen. Mittels langfristiger Verträge werden Tätigkeitsfelder und auch Geschäftsbereiche inklusive der personellen und technischen Infrastruktur an Dienstleister ausgegliedert. Eine räumliche Verlagerung ist dabei keine zwingende Voraussetzung. Die Arbeitsleistung kann somit auch im eigentlichen Betrieb erfolgen.

2.3. IT-Offshoring

Das IT-Offshoring definiert sich ebenfalls über die teilweise oder vollständige Übertragung von IT-Aufgaben an ein Dienstleistungsunternehmen. Allerdings spielt beim Offshoring die geografische Komponente eine entscheidende Rolle. Die räumliche und sprachliche Nähe zur Drittpartei ist von untergeordneter Bedeutung. Vielmehr werden die abzugebenden Aufgaben bewusst ins Ausland verlagert, um dadurch entstehende Vorteile zu nutzen. Dabei kann ein firmeneigenes Servicezentrum als auch ein selbständiger Dienstleister in Frage kommen.
Bei der Wahl der geografischen Distanz wird nach Near- und Farshoring unterschieden. Farshoring bedeutet in diesem Zusammenhang eine Auslagerung in ferne Länder. Dies kann kontinentübergreifend erfolgen.
Beim Nearshoring konzentriert man sich auf nahegelegene Länder, die durchaus auf dem gleichen Kontinent zu finden sind.
Im Offshoringbereich werden zwei Betreibermodelle unterschieden:[4]

> ➢ Brückenkopf-Modell
> Die zentrale Anlaufstelle des Outsourcing-Dienstleisters befindet sich in dem Land des Auftraggebers. Dieses rechtlich selbständige Unternehmen dient als zentraler Ort für die gesamte Projektkommunikation.

> ➢ Werkbank-Modell
> Der IT-Dienstleister führt in den Near- und Offshore-Ländern eigene Teams. Die gesamte Verantwortung für das Projekt wird auf den Auftraggeber abgewälzt, der auf Basis der vertraglichen Grundlage Dienstleistungen abrufen kann.

---

[4] Vgl. (Hofmann/Schmidt, Masterkurs IT-Management, 2. Auflage)

3. IT-Outsourcing und IT-Offshoring im Zusammenhang mit dem IT-Management

Rein betriebswirtschaftlich sind beide Begriffe eng mit dem Lean-Management verzahnt. Diese auch als Make-or-Buy-Entscheidung bekannte Richtung hatte ihren historischen Höhepunkt bei den meisten Unternehmen in den 1990er Jahren. In der IT gab es bereits seit den 1960er Jahren Überlegungen, bestimmte Bereiche aus diversen Gründen auszulagern. Mittlerweile geht der Trend zum Auslagern von fortlaufend anfallenden Prozessen und somit zur Vergabe von Großaufträgen im Outsourcing- und Offshoring-Bereich. Hier kommt das im Kapitel 2.2. vorgestellte BPO zum Tragen.
Beide Begrifflichkeiten wurzeln in der ökonomischen Effizienz. Dabei stehen diverse Katalysatoren im Fokus, um das Gesamtziel der Wirtschaftlichkeit zu erreichen.[5]

3.1. Gründe für eine IT-Outsourcing- oder IT-Offshoring-Maßnahme

Bestimmende Gründe für einen derartigen Schritt sind kurz- bis mittelfristige Einsparungen bei den Kosten sowie die Erhöhung der Flexibilität, der Effizienz und der Qualität.
Um diese Ziele zu erreichen, müssen zentrale Rahmenbedingungen vorherrschen.
Die folgende Grafik verknüpft diese Rahmenbedingungen mit den gewünschten Zielen.

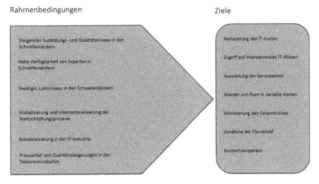

ABBILDUNG 2 - RAHMENBEDINGUNGEN UND ZIELE FÜR IT-OUTSOURCING UND -OFFSHORING

Um ein detaillierteres Bild von den einzelnen Zielen zu bekommen, ist eine Aufgliederung und Erläuterung notwendig.

3.1.1. Reduzierung der IT-Kosten

Dieser Punkt gilt als zentraler Aspekt bei Auslagerungsentscheidungen. Als Richtwert gilt eine angestrebte Reduzierung der Kosten um ca. 20%, um den Aufwand zu rechtfertigen.

---

[5] Vgl. http://www.ecin.de/strategie/offshoring/

Wesentliche Faktoren zur Kostenverringerung sind:

> Reduzierung von systemtechnischen Investitionen
> Einsparung von Lizenzkosten
> Schnellere Projektrealisierung mit geringerem Umsetzungsaufwand
> Günstigere Beschaffungspreise des Dienstleisters
> Nutzung der Skaleneffekte durch die Größe und Spezialisierung des Dienstleisters
> Abbau der innerbetrieblichen Bürokratie; Transparenz der internen Abläufe

Basierend auf einer Studie des Templeton College, Oxford führen maximal 50% der umgesetzten Outsourcingprojekte zu der in der Theorie errechneten Wirtschaftlichkeit. [6]

3.1.2. Kostentransparenz

In Verbindung mit der Kostenreduzierung ist die Transparenz der Ausgaben ein kritisches Thema.
Da eine IT-Dienstleistung in einer Unternehmung in vielfältiger Weise genutzt wird, ist eine verursachungsgerechte Ermittlung der Kosten oft nur schwer oder gar nicht möglich. Eine Aufschlüsselung erfolgt eher pauschal. Wird eine Auslagerung angestrebt, ist eine detaillierte Kostenanalyse unverzichtbar. Die internen erbrachten Leistungen müssen sich mit den Externen vergleichen lassen. Die echten Kosten werden nun verursachungsgerecht aufgeteilt. Dadurch entsteht eine Kostentransparenz, da ein Dienstleister versteckte Kosten aufdeckt. Der Unternehmensbereich IT wird gläsern und berechenbar. Dies ist ein kritischer Vorteil, der auch dann eintritt, sofern sich nach der Analysephase gegen ein Outsourcingmandat entschieden wird.
Folglich werden alle Leistungen vom Outsourcingpartner zu einem definierten Festpreis angeboten. Die für das auslagernde Unternehmen vormals fixen Kosten werden nun durch kalkulierbare Ausgabenblöcke ersetzt, da man intern entscheiden kann, welche Leistungen tatsächlich im Anspruch genommen werden.

3.1.3. Minimierung des Gesamtrisikos

Bei diesem Aspekt steht der Risikotransfer auf den Dienstleister im Fokus. Das Vertragsrecht hat dabei einen entscheidenden Einfluss. Dies ist erheblich straffer formuliert, als das bei Eigenerstellung anwendbare Arbeitsrecht. Folglich ist das finanzielle Risiko bei einem Misserfolg des Projektes im Eigenbetrieb erheblich größer. Gegenüber dem Dienstleister werden dagegen nur die vertraglich definierten Leistungen geschuldet. Diese sind bereits beim Start des Projektes bekannt. Insofern erfolgt ein Risikotransfer auf den Dienstleister.[7]
In Unternehmen existieren oft unterschiedliche Systemwelten. Diese Koexistenz führt zu erhöhten Ausfall- und Sicherheitsrisiken. Ein Outsourcingpartner wird daher Standardlösungen anstreben, die wartungsfreundlicher sind. Damit ist auch der Vorteil der verminderten Abhängigkeit von Systemanbietern verbunden. Weiterhin lassen sich Standardsysteme leichter übertragen, sofern ein Wechsel des Outsourcingpartners angestrebt wird.
Weiterhin werden typische Risiken, wie Schutzvorkehrungen gegen höhere Gewalt, Verlustgefahren durch Anlagen- oder Personenausfall, Minderauslastung oder hohe zeitliche Verfügbarkeit auf den Dienstleister übertragen.

---

[6] Vgl. (Buhl, Outsourcing von Informationsverarbeitungsleistungen und Steuern, 1. Auflage)
[7] Vgl. (Mertens/Knolmayer, Organisation der Informationsverarbeitung: Grundlagen – Aufbau – Arbeitsteilung, 3. Auflage)

3.1.4. Stärkung von komparativen Vorteilen

Aufgaben werden vielfach dann delegiert, wenn wirtschaftliche Gründe oder zeitliche Zwänge eine Auslagerung als lohnenswert erachten lassen. Dies gilt somit verstärkt für Sekundärfunktionen in Unternehmen. Betriebswirtschaftliches Primärziel ist die strategische Straffung und die Konzentration auf die eigentlichen Kernkompetenzen sowie auf die Tätigkeiten, in dem das Unternehmen einen komparativen Wettbewerbsvorteil besitzt. In der Freisetzung von internen Ressourcen durch Outsourcing liegt eine wesentliche strategische Wirkung.[8]

3.1.5. Verbesserung der eigenen Qualität

Die Qualität eines Unternehmens erstreckt sowohl auf die erstellten Produkte als auch auf die erbrachten Dienstleistungen. Eine Straffung der IT-Bereiche und ein effizienter Aufbau der Datenverarbeitung können zu einer Qualitätssteigerung führen. Folgende Aspekte sind wesentlich:

> ➤ Reduktion der innerbetrieblichen Komplexität
> ➤ Verbesserung der Anpassungsfähigkeit des Unternehmens
> ➤ Erhöhung der strukturellen und strategischen Flexibilität
> ➤ Verkürzung von Entwicklungszeiten
> ➤ Berücksichtigung von speziellen Kundeninteressen[9]
> ➤ Ersetzung von fehlendem Know-How durch Spezialwissen des Servicepartners
> ➤ Nutzung der Zeitverschiebung für Informationsvorsprünge

3.2. Nachteile von IT-Outsouring und IT-Offshoring

Eine Auslagerung von Tätigkeiten oder Bereichen vereint auch negative Aspekte. Diese Gesichtspunkte können teilweise durch geschickte Vertragsverhandlungen eliminiert werden. Weitestgehend stellen sie für das Auslagerungsunternehmen zu kalkulierende Risiken dar. Ob eine Auslagerungsstrategie langfristig erfolgreich ist, hängt nicht nur von den geplanten Maßnahmen ab. Vielmehr nehmen die Rahmenbedingungen des Unternehmens eine bewertende Rolle ein. Die strategische Planung und Ausrichtung sowie die eigentliche Branchenentwicklung haben einen entscheidenden Einfluss auf die Zielerreichung. Die folgenden negativen Aspekte wirken sich zudem erschwerend aus:

> ➤ Abhängigkeitsverhältnis zum Dienstleister
> ➤ Know-How-Verlust im eigenen Unternehmen
> ➤ Personalpolitische Prozesse
> ➤ Langfristigkeit von Auslagerungsverträge
> ➤ Qualitätsschwankungen

Die einzelnen Punkte sollen nachfolgend näher beleuchtet werden.

3.2.1. Abhängigkeitsverhältnis zum Dienstleister

Durch die Delegation von kompletten Planungs-, Steuerungs- und Kontrollaufgaben entsteht eine hohe Abhängigkeit vom Dienstleister. Unvorhersehbare Ereignisse, wie fehlende Qualifikation des Partners oder plötzlich auftretende wirtschaftliche Probleme desselben können zu hohen Folgekosten führen. Bei der Auslagerung an Systemhersteller besteht zudem die Annahme von Herstellerprovisionen. Durch das Anbieten von Auslagerungsdienstleistungen soll der eigentliche Produktumsatz gesteigert werden. Oft

---

[8] Vgl. (Szyperski, Outsourcing als strategische Entscheidung)
[9] Vgl. (Baum/Klaus, Auslagerung von Prozessen)

werden dabei keine Standardlösungen eingesetzt sondern auf unternehmenseigene Lösungen abgestellt. Ein späterer Wechsel ist dann mit erheblichen Aufwand und Kosten verbunden. Durch diese Strategie befindet sich der Anbieter in einer monopolähnlichen Stellung. Ein unter akzeptablen Transaktionskosten möglicher Wechsel des Outsourcingpartners ist dadurch nur erschwert möglich.

3.2.2. Know-How-Verlust im eigenen Unternehmen

Bei der Auslagerung von IT-nahen Unternehmensbereichen ist ein Verlust des Know-Hows unvermeidlich. Bedingt durch den rasanten technischen Fortschritt geht der Anschluss an spezifischen Gebieten in wenigen Jahren nahezu vollständig verloren. Bei Wiedereingliederungsmaßnahmen kommt dieser Aspekt verstärkt zum Tragen, da das notwendige Fachpersonal im Unternehmen nicht mehr vorhanden ist. Dieser Umstand gefährdet zukünftige Leistungsbezüge und kann erneut in Abhängigkeitsverhältnisse mit nachteiligen Kostenstrukturen führen, da der Dienstleister diese Lage für Preissteigerungen bei Vertragsverhandlungen ausnutzen kann.

Um auf Managementebene weiterhin kompetent die Dienstleistungen des Anbieters beurteilen zu können, ist es notwendig, in den ausgelagerten Gebieten weiterhin eine fachliche Kompetenz vorzuhalten. Dies vermindert zudem die Abhängigkeit zum Vertragspartner.[10]

3.2.3. Personalpolitische Prozesse

Durch eine Auslagerungsmaßnahme werden interne Strukturen und Abläufe oft massiv verändert. Ein Widerstand im auslagernden Unternehmen ist daher abzusehen. Zur Disposition stehen oftmals Arbeitsplätze, Einflussmöglichkeiten und Kostenverschiebungen. Im Vorfeld eines derartigen Schrittes ist häufig eine Mitarbeiterfluktuation zu bemerken. Für die Mitarbeiter gibt es oft nur wenig Anreizpotenzial, zum Outsourcingpartner zu wechseln. Typische Gründe sind ein damit verbundener Wohnortwechsel, der Wegfall von Macht oder Prestige sowie der Verlust von speziellen Vergünstigungen beim jetzigen Arbeitgeber. Um dem entgegen zu wirken, ist es erforderlich, transparente und faire Übergangsbestimmungen zu definieren.[11] Eine Integration der Personalabteilung sowie des Betriebsrates in derartige Entscheidungen ist zu empfehlen.

Auf Seiten des Dienstleisters ergeben sich weitere Schwierigkeiten. Die Motivation der Mitarbeiter, in Ausnahmesituationen Mehrarbeit zu leisten, ist deutlich geringer, als im eigenen Unternehmen. Hinzu kommt der Umstand, dass mit wechselnden Ansprechpartnern kommuniziert werden muss.[12]

3.2.4. Langfristigkeit von Auslagerungsverträgen

Typische Outsourcing-Verträge haben eine Laufzeit von mindestens 5 Jahren. Häufig werden auch Verträge über 10 Jahre geschlossen. Grund für eine derartige Periode ist, dass nur auf eine gewisse Dauer ausgelegte Kooperationen vom Dienstleister seriös bewertet werden können. Ein finanziell fundiertes Angebot wird erst mit einem entsprechenden zeitlichen Horizont kalkulierbar. Die mit der Langfristigkeit verbundenen Abhängigkeiten erfordern Vertrauen in die Diskretion, die Verarbeitungssicherheit, die kontinuierliche Qualität und in die andauernde Geschäftstätigkeit des Dienstleisters. Daher ist bei Vertragsabschluss auf eine sorgfältige Synchronisation der internen und externen Abläufe beider Unternehmen zu achten. Dabei kommt es auf die Auswahl des richtigen Partners an. Der Fokus darf somit

---

[10] Vgl. (Bäumer, Meinungsspiegel zum Outsourcing)
[11] Vgl. (Knolmayer, Informationsmanagement: Outsourcing von Informatikleistungen)
[12] Vgl. (Heinzel/Stoffel, Formen, Motive und Risiken der Auslagerung der betrieblichen Datenverarbeitung)

nicht nur auf der heutigen Kompetenz liegen, sondern es muss die zukünftige Entwicklung, die Kapitalkraft und die Anpassungsfähigkeit beurteilt werden.[13] Die Finanzkraft spielt hier eine herausragende Rolle. Nur wenn ein Partner glaubhaft versichern kann, über die Dauer eines Vertrages bestehen zu können, lohnt sich ein Zusammenschluss. Hier hat der Dienstleister einen Vorteil, bedingt durch asynchron vorliegende Informationen und Erfahrung im Verhandeln von derartigen Verträgen. Hingegen kann der Dienstleistungsnehmer die finanzielle Tragfähigkeit des Partners nur schätzen oder rudimentär bewerten. Zudem wird ein auslagerndes Unternehmen, basierend auf den üblichen Vertragslaufzeiten, in einer Dekade maximal zwei Verträge abschließen und hat somit weniger Verhandlungserfahrung. Der Verhandlungsvorteil liegt eindeutig beim Dienstleister. Outsourcing-Verträge sollten nur mit Partnern abgeschlossen werden, bei denen eine langfristige, vertrauensvolle und effektive Zusammenarbeit als möglich erscheint.[14] Betritt das auslagernde Unternehmen mit derartigen Vertragsverhandlungen Neuland, so empfiehlt es sich, externe Berater in diesen Prozess einzuschließen.

3.2.5. Qualitätsschwankungen

Das auslagernde Unternehmen wird beim Outsourcing angreifbar, wenn Qualitätsschwankungen des Dienstleisters nicht nur den internen Betrieb blockieren, sondern direkt für den Endkunden spürbar werden.
Oft kommt es vor, dass bei entsprechender Auslastung des Outsourcingpartners den Anforderungen des Vertragspartners eine geringe Priorität beigemessen wird. Mögliche Folgen sind Qualitätsunterschiede und Verfügbarkeitsprobleme.[15]
Weiterhin sind die technischen Schnittstellen zu beleuchten, die beispielsweise in der verarbeitenden Industrie eine übergeordnete Rolle spielen. Wird beispielgebend die Nahtstelle zwischen IT und Automationstechnik fachlich vom Dienstleister nicht adäquat abgebildet, entsteht binnen kürzester Zeit ein untragbares Risiko.

4.   Risikobetrachtung und -bewertung

Bei IT-Outsourcing- oder IT-Offshoring-Maßnahmen handelt es sich um strategische Projekte, die eine entsprechende Tragweite auf sich vereinen. Ein wichtiger Aspekt ist daher die Risikobetrachtung aus verschiedenen Perspektiven sowie eine objektive Bewertung der potenziellen Risikoparameter.

4.1. Definition von Risiko

Risiko tritt bei Auslagerungsprojekten in unterschiedlicher Weise auf. Somit muss Risiko sowohl positiv als auch negativ definiert werden. Eine passende Begriffsbestimmung könnte wie folgt lauten:

Unter Risiko versteht man die Möglichkeit der Chance des Eintritts einer positiven Abweichung von einem erwarteten Wert, wie auch der Gefahr des Eintritts einer negativen Abweichung von einem erwarteten Wert.

Eine mögliche Konzeption zur Risikoaufdeckung wäre möglich, indem die Eintrittswahrscheinlichkeit eines unerwünschten Ergebnisses mit dessen Verlust multipliziert wird.

---

[13] Vgl. (Dangel, Risiken und Chancen durch Outsourcing, Verbesserung der Wirksamkeit der Informatik)
[14] Vgl. (Knolmayer, Informationsmanagement: Outsourcing von Informatikleistungen)
[15] Vgl. (Skubch/Jakuvczik, Outsourcing: Auf der Suche nach der optimalen Leistungstiefe)

Mathematisch wird dies wie folgt ausgedrückt:

$$RP = W_{UE} * V_{UE}$$

RP = Risikopotenzial
W_{UE} = Wahrscheinlichkeit unerwünschter Ergebnisse
V_{UE} = Verlust eines unerwünschten Ergebnisses

Dieses Konzept versucht alternativ anhand der Wahrscheinlichkeit der unerwünschten Ergebnisse und der Höhe des Verlustes, das Risiko zu ermitteln. Die Einordnung erfolgt anhand von vier Risikogruppen.

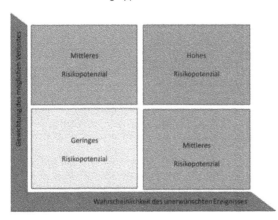

ABBILDUNG 3 – EINORDNUNG DES RISIKOS

In Anlehnung an ein Modell von Aubert/Patry/Rivard erfolgt bei IT-Outsourcingprojekten die Einteilung der Risikofaktoren in drei verschiedenen Gruppen.

Risikogruppe	Risikofaktoren
Auftragnehmer	• Opportunistisches Verhalten • Fehlende fachliche Kompetenz • Fehlende Fachkenntnis bei einem Outsourcing-Prozess • Fehlende Fachkenntnis bei der Verhandlung von Verträgen
Auftraggeber	• Fehlende Fachkenntnis bei einem Outsourcing-Prozess • Fehlende Fachkenntnis bei der Verhandlung von Verträgen
Transaktion	• Spezifische Investitionen • Messprobleme • Geringe Anzahl an Anbietern • Grad der Unabhängigkeit • Unsicherheit • Ausgliederung der Kernkompetenz

Tabelle 1 – Risikogruppen und Risikofaktoren

Die daraus entstehenden, unerwünschten Ergebnisse lassen sich wiederrum in die bekannten Kategorien einteilen:

> Kosten
> Vertragliche Schwierigkeiten
> Qualitätsverschlechterung
> Know-How-Verlust

4.1.1. Prozess der Risikobewertung

Grundsätzlich stellt sich die Frage, welche Bedeutung die durch den Fremdbezug betroffenen Aktivitäten und Prozesse für das auslagernde Unternehmen haben. Weiterhin sind die Konsequenzen bei einem Ausfall des Leistungserbringers zu bewerten. Folglich muss für jede Kategorie das Risiko quantifiziert werden. Eine Einteilung nach dem jährlichen Erwartungsschaden ist ein denkbares Vorgehen. Für ein mittelständisches Unternehmen wäre die folgende Anordnung vorstellbar.

Risikoklasse	Jährlicher Erwartungsschaden
1	<= 200T €
2	200T - 2.000T €
3	2.000T - 5.000T €
4	5.000T € - 50.000T €
5	> 50.000T €

Tabelle 2 – Einteilung des jährlichen Erwartungsschadens

Weiterhin muss auch der Leistungserbringer bewertet werden. In diese Betrachtung fließt die fachliche Eignung ein. Sofern es sich um Offshoring handelt, erfolgt auch eine Bewertung des Länderrisikos.
Anhand von zu definierenden Kriterien kann die Eignung nach einem Punktesystem bewertet werden. Denkbare Kriterien sind:

> Eignung des Dienstleisters
>   o Produktqualität
>   o Geschäftsleistung: Führungsqualität und Geschäftsstrategie
>   o Ressourcen (Personal, Technik, Sachausstattung)
>   o Versicherung bei Nichterfüllung
> Inhärente Risiken des Dienstleisters
>   o Solvabilität
>   o Marktposition / Wettbewerbsposition / Zukunftsaussichten
>   o Übersichtlichkeit der Aufbau- und Ablauforganisation
>   o Eigentümerstruktur und Historie

Für die einzelnen Kriterien werden jeweils Punkte von 0 bis 100 vergeben. Anschließend werden die einzelnen Ergebnisse aggregiert, wobei je nach Art des Fremdbezugs die einzelnen Kriterien X_i entsprechend zu gewichten sind. Denkbar sind Gewichte von 1 bis 3. Die Summe der Gewichte g_i beträgt 1.

Anhand der Gesamtpunktzahl wird der Leistungserbringer in folgende Klassen eingeteilt:

Punkte	Klasse
91 - 100	1 = AAA bis AA-
81 – 90	2 = A+ bis A-
71 – 80	3 = BBB+ bis BBB-
51 – 70	4 = BB+ bis BB-
31 – 50	5 = B+ bis B-
21 – 30	6 = CCC+ bis CCC-
11 – 20	7 = CC+ bis C-
0 - 10	8 = SD, D

Tabelle 3 – Einteilung des Leistungserbringers

Länderrisiken werden gemäß dem Konzept eines Ratings durch Abzug eines Malus-Betrages nach Länderzugehörigkeit berücksichtigt. Ausschlaggebend kann dabei ein Länderkreditranking sein.

Ratingbereich	Länderstufe	Malus
AAA	1	0
AA+	1	0
AA	2	7,5
AA-	2	7,5
A+	3	12,5
A	3	12,5
A-	3	12,5
BBB+	4	17,5

Tabelle 4 – Länderrisiken und Malusbeträge

Die Ergebnisse aus der Einschätzung der Risiken sowie aus der Prüfung des Leistungserbringers entscheiden, ob ein Fremdbezug grundsätzlich möglich ist. Weiterhin wird geklärt, welche Anforderungen an die Einbindung in das interne Risikomanagement und der Überwachung des Fremdbezuges gestellt werden müssen.

Eignung des Leistungserbringers	Risikopotenzial				
	1	2	3	4	5
1	1	1	1	2	2
2	1	1	1	2	3
3	1	1	2	3	4
4	1	2	3	4	5
5	2	3	4	5	5
6	3	4	5	5	5
7	4	5	5	5	5
8	5	5	5	5	5

Tabelle 5 – Ergebnis der Risikoanalyse

Der Leistungsfremdbezug wird dabei als wesentlich betrachtet, wenn die Risikoanalyse einen Wert größer 2 ergibt. Wird als ein Wert größer gleich 4 ermittelt, handelt es sich um eine Auslagerung, bei dem ein hohes Risiko vorliegt. Hier ist zwingend eine Prüfung erforderlich, ob und wie eine Einbeziehung der ausgelagerten Aktivitäten und Prozesse in

das Risikomanagement sichergestellt werden kann. Kann eine Einbindung in das Risikomanagement nicht erfolgen, so ist eine Auslagerung nicht tragbar.

Basierend auf den objektiven Erkenntnissen aus der Risikoanalyse muss entschieden werden, ob eine Auslagerung der definierten Bereiche mit den untersuchten, potenziellen Vertragspartnern durchführbar ist. Ist das Ergebnis positiv, so muss anhand der bewerteten Kriterien der optimale Kandidat benannt werden.

5. Umsetzungsphasen

Outsourcing- oder Offshoringentscheidungen werden nicht ad-hoc getroffen. Bedingt durch die hohe personelle und finanzielle Bindung an derartige Projekte ist der eigentlichen Umsetzungsphase eine aufwändige und detaillierte Planungsphase vorgelagert.

5.1. Vorgehensweise und Auswahl der Bereiche

Eine vielfach angewandte Herangehensweise ist das Wasserfall-Modell. Für ein Outsourcing- oder Offshoring-Projekt würde die Vorgehensweise modellhaft wie folgt aussehen.

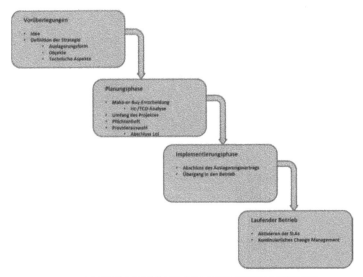

ABBILDUNG 4 - VORGEHENSWEISE BEI AUSLAGERUNGSPROJEKTEN[16]

Weiterhin ist im Vorfeld zu klären, ob sich ein Bereich für eine Auslagerungsstrategie eignet. Die Ermittlung erfolgt im Rahmen einer IT-Portfolioanalyse.
Ein Kriterium ist die Zugehörigkeit des Bereiches zum Kerngeschäft des Unternehmens sowie die Erfordernis von unternehmensinternem Wissen. Können diese Fakten bejaht werden, so scheidet eine Auslagerung aus. Ein weiteres Kriterium ist die Distanz zwischen Auftraggeber und Dienstleister. Kann diese Distanz kulturell, sprachlich, zeitlich sowie technisch überwunden werden, so steht einem Projekt nichts im Wege.

---

[16] Vgl. (Hofmann/Schmidt, Masterkurs IT-Management, 2. Auflage)

Auslagerungstauglich sind demzufolge Aktivitäten, bei denen die räumliche Entfernung eine geringe Rolle spielt. Dies können beispielhaft sein:

> Überwachung von technischen Komponenten
> Übernahme von standardisierten, klar definierten Aufgabenstellungen

Die Eignung der einzelnen Bereiche muss weiterhin vor den dargelegten Chancen beurteilt werden. Dies sind in der Regel die Kostensenkung und die Verkürzung von Projektlaufzeiten. Wesentliche Merkmale sind dabei:

> Vollständige Dokumentation der Anforderung
> Abhängigkeit vom innerbetrieblichen Wissen
> Anzahl der zu bedienenden Schnittstellen
> Ausmaß der Interaktion mit dem Benutzer
> Lebenszyklus der Aktivität im Unternehmen
> Autonomie von der betrieblichen Organisation
> Vertraulichkeit der enthaltenen Information

Basierend auf diesen Merkmalen werden alle IT-Aktivitäten des Unternehmens untersucht und mit einem Punktesystem bewertet. Ergebnis ist ein Würfel mit den folgenden Dimensionen.

a) Horizontal nach dem Lebenszyklus
b) Vertikal nach der Architektur
c) Räumlich nach dem Anwendungsgebiet

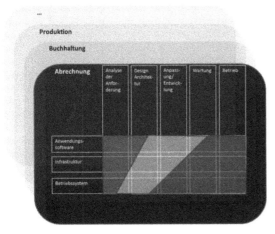

ABBILDUNG 5 - TAUGLICHKEIT DES AUSLAGERUNGSBEREICHES

Basierend auf der Darstellung gibt es Bereiche, die für die Auslagerung untauglich (rote Markierung), bedingt tauglich (gelbe Markierung) oder tauglich (grüne Markierung) sind. Betrachtet man die einzelnen Scheiben des Würfels, so kommt man zwangsläufig zum identischen Ergebnis. Auslagerungstauglich sind die Aktivitäten, die bereits in ihrem Lebenszyklus weit vorangeschritten sind und sich auf einem niedrigen Niveau befinden. Typischerweise ist dies der untere, rechte Bereich je Scheibe. Gemeinsame Kriterien sind dabei die Stabilität der Systeme, einer hoher Grad an Dokumentation, wenig Wissen über betriebsinterne Abläufe sowie ein hoher manueller Aufwand.

Einen geringen Grad an Outsourcing- oder Offshoringpotenzial haben hingegen Aktivitäten, die sich auf einer hohe Architekturebene oder sich im Produktlebenszyklus in einem frühen Stadium befinden. Derartige Aktivitäten befinden sich in einer Scheibe am linken, oberen Rand. Diese Bereiche befinden sich in einem Zustand der Veränderung, sind wenig dokumentiert und stark von unternehmensspezifischen Prozessen abhängig. Einen Bereich von indifferenten Tätigkeiten findet man zwischen den roten und grünen Flächen. Dies ist ein Gebiet, wo es weder eine Tendenz zur vollständigen Auslagerung noch zum kompletten Eigenbetrieb gibt. Bei einer Entscheidung zur Fremdvergabe ist allenfalls eine Auslagerung ins nahegelegene Ausland zu empfehlen.

5.2. Phase der Vorüberlegung

In der Konzeptionsphase werden erste Gedanken und mögliche Ziele dokumentiert. Wichtige Punkte sind die Definition einer Auslagerungsstrategie, die Bestimmung der wesentlichen Kommunikationspartner, die Festlegung von Sicherheitsanforderungen sowie die Regelungen für den Einsatz von Fremdpersonal. Ein entscheidender Faktor ist die Standortfrage. Um alle Optimierungspotenziale auszuschöpfen, müssen die Gegebenheiten des Standortes hinsichtlich der Preise, der Qualität, der Forderung nach kurzen Lieferzeiten sowie der Termintreue bewertet werden. Die zukünftige Wettbewerbsfähigkeit des auslagernden Unternehmens steht mit diesen Größen im direkten Zusammenhang. Einen elementaren Einfluss hat die Einbindung der Personalvertretung in dieser Phase. Die Beteiligung des Personal- oder Betriebsrates ist dabei nicht nur gesetzlich vorgeschrieben sondern aus Gesichtspunkten der Interessenvertretung ein Pflichtbestandteil. Damit eng verbunden ist das innerbetriebliche Informationsmanagement. Oft kommt eine interne Stelle zum Einsatz, die die Koordination und Kontrolle des Informationsflusses übernimmt. Die Agency-Theorie befasst sich dabei intensiv mit Interessenkonflikten sowie Informationsasymmetrien zwischen Auftraggeber und Dienstleister. [17] Die dadurch entstehenden Überwachungskosten beim Auftraggeber und die Dokumentationskosten beim Dienstleister müssen in das Projekt eingerechnet werden. Die Residualkosten berücksichtigen weitere Nachteile beim Auseinanderklaffen der einzelnen Ziele.

5.3. Planungsphase

Die Ist-Analyse und die Total-Cost-of-Ownership-Analyse liefern in dieser Phase die wesentlichen Beiträge für eine Ausgliederungsentscheidung. Ziel der TCO-Analyse ist es, auf Basis der Kostenträgerrechnung sämtliche Kosten von der Beschaffung über die Erstellung, den Betrieb und der Nutzung zu ermitteln. Dies geschieht über den vollständigen Lebenszyklus des Systems hinweg unter Einbeziehung der Kosten der IT und der jeweiligen Fachbereiche. [18] Erfolgt die Entscheidung für eine Outsourcingmaßnahme, so wird ein umfassendes und detailliertes Pflichtenheft erstellt. Dieses Dokument stellt die Basis für die Ausschreibung und letztlich die Auswahl des Dienstleisters dar. Mittels eines Letters of Intent werden gemeinsam mit dem ausgewählten Partner vorvertragliche Pflichten definiert. Obligatorisch in einem LoI sind die folgenden Punkte:

> Leistungen und Vergütungen, die vor Vertragsabschluss zu erbringen sind
> Mitteilungs-, Aufklärungs- und Geheimhaltungspflichten
> Abbruchkriterien

Der LoI oder auch die Absichtserklärung bzw. die Grundsatzvereinbarung gibt den Willen und das Interesse der Partner an einer potenziellen Vertragsbeziehung und einem späteren

---

[17] Vgl. (Knolmayer, Organisation der Informationsverarbeitung: Grundlagen – Aufbau – Arbeitsteilung, 3. Auflage)
[18] Vgl. (Treber/Teipel/Schwickert, Total Cost of Ownership – Stand und Entwicklungstendenzen 2003)

Abschluss wieder. Grundsätzlich hat dieses Papier keine rechtsbindende Wirkung. Ihr kommt eher eine moralische Bedeutung zu. Auf Basis dieses Papiers können bis zum Abschluss detaillierte Informationen offen gelegt werden.[19] Spielen mehrere Geschäftspartner mit, so wird ein Memorandum of Understanding unterzeichnet.

5.4. Implementierungsphase

In der Implementierungsphase erfolgt der wichtigste Schritt. Der eigentliche Vertag wird auf Basis der Erkenntnisse aus der Planungsphase abgeschlossen. Eine wesentliche Referenz ist dabei das Pflichtenheft. Es fasst die fachlichen, organisatorischen und technischen Anforderungen an die Dienstleistung zusammen und ist somit die Vertragsgrundlage für die Leistungserbringung des Auftragnehmers. Der Vertrag steht dabei in einem Spannungsfeld bestehend aus der abgegrenzten Leistung, den vereinbarten Fristen und der jeweiligen Gesetzgebung.
Üblicherweise werden diese Verträge als Service Level Agreements bezeichnet. In den SLA´s werden folgende Punkte verbindlich geklärt:

> Ansprechpartner
> Reaktionszeiten
> IT-Anbindungen
> Kontrollmöglichkeiten
> Ausgestaltung der IT-Sicherheitsvorkehrungen
> Umgang mit vertraulichen Informationen; Weitergabe an Dritte
> Verwertungsrechte

Eine Unterteilung der Verträge erfolgt auf Basis des Dokuments. In einem Rahmenvertrag werden die wesentlichen Ausgangspunkte der Zusammenarbeit festgelegt. In ergänzenden Leistungsverträgen werden Einzelleistungen aufgeführt, technisch weiter spezifiziert und bestimmte Mitwirkungspflichten benannt. Hinsichtlich der Übernahme von Mitarbeitern, Hard- und Software sowie von Verträgen werden Übernahmeverträge geschlossen.[20]
Eng mit den SLA´s ist die Erstellung eines IT-Sicherheitskonzeptes verbunden. Dieses Konzept beinhaltet zudem einen Notfallvorsorgeplan. Die Erarbeitung dieses Sicherheitskonzepts läuft parallel zur Migrationsphase ab. Diese Phase schließt sich direkt an die Vertragsabschlussphase an und ist als äußerst kritisch zu betrachten. Eine genaue und sorgfältige Planung ist unerlässlich. Durch die Übertragung der Systeme und Anwendungen ergeben sich permanent neue Erkenntnisse, die direkt in das Sicherheitskonzept einfließen.[21]
Anschließend erfolgt der Start des eigentlichen Betriebes beim Dienstleister.

5.5. Laufender Betrieb

Nachdem der laufende Betrieb auf den Dienstleister übergegangen ist, sind verschiedene Maßnahmen notwendig. Diese Tätigkeiten müssen im Vorfeld geplant sein. Notfall- und Eskalationsszenarien müssen in dieser Planung stets berücksichtigt werden.
Typische Punkte sind die regelmäßige Kontrolle der Systeme sowie die Durchführung von Wartungs- und Supportarbeiten. Anhand der erstellten Pflichtenhefte der einzelnen Abteilungen ist ein Abgleich der Ist-Werte gegen die Soll-Werte jederzeit möglich. Der Dienstleister wird dadurch zur ständigen Transparenz gezwungen. Verbindliche Kontrollpunkte und eine laufende Dokumentation stellen dabei die Grundlage des Abgleichs dar. Durch die Fixpreisregelung gegenüber dem Outsourcingpartner wird der Erfolg quantitativ messbar. Ergeben sich Abweichungen bei den Ist-Werten, so werden die

---

[19] Vgl. (Hofmann/Schmidt, Masterkurs IT-Management, 2. Auflage)
[20] Vgl. (Hofmann/Schmidt, Masterkurs IT-Management, 2. Auflage)
[21] Vgl. (https://www.bsi.bund.de/ContentBSI/grundschutz/kataloge/baust/b01/b01011.htm)

vertraglich fixierten Strafen fällig. In besonders schweren Fällen kann auch ein Recht auf Kündigung definiert werden. Basierend auf den vereinbarten Terminen und der Vorgaben aus dem Pflichtenheft ist auch eine qualitative Erfolgskontrolle fortlaufend durchführbar. Während des Betriebs können Anpassungen an den definierten Prozessen aufgrund einer neuen strategischen oder operativen Ausrichtung notwendig sein. In einem vorher festzulegenden Verfahren werden diese Änderungen dem Dienstleister mitgeteilt und abgewickelt.

6. Trends

Bedingt durch die oben diskutierten Risiken und im speziellen durch den damit verbundenen Arbeitsplatzabbau in outsourcing-/offshoringlastigen Staaten gibt es Entwicklungen hin zu wirtschafts- und bildungspolitischen Maßnahmen. Beispielsweise schätzt die Deutsche Bank Research, dass in den letzten Jahren zwischen 1,9 und 2,5 Millionen Arbeitsplätze in Indien und Osteuropa geschaffen worden sind, um Märkte in Europa und den USA bedienen zu können.[22]
Damit verbunden ist eine gewisse Distanz zum reinen Outsourcing und Offshoring. Auslagerungsfähige Bereiche werden nicht mehr komplett fremdvergeben. Vielmehr werden spezielle Dienstleistungen oder Anwendungen über Online-Lösungen dazugekauft.

6.1. Application Service Provision

Ein wichtiger Begriff ist dabei die ASP geworden. Bei ASP werden Anwendungen und Serviceleistungen für definierte Bereiche über das Internet angeboten. Lokale Installationen, welche kostenintensiv sind, entfallen und es erfolgt eine Übertragung der Verantwortung an den Dienstleister. Weiterhin ist der Leistungserbringer mit der Pflege und Wartung beauftragt. Eine Abrechnung erfolgt auf Nutzungsbasis oder über eine pauschale Gebühr. Folgende, spezielle Formen haben sich entwickelt.

6.1.1. Software on Demand

Software on Demand ist ein interaktiver, multimedialer Service-Abrufdienst mit individuell abrufbaren Produktinformationen. Bei diesem Modell lässt der Nutzer eine bestimmte Software beim Hersteller betreiben. Diese kann vom Entwickler auf die Kundenbedürfnisse skaliert werden. Ein entscheidendes Ziel ist eine flexible Lizenzierungsform. Typische Parameter sind genutztes Datenvolumen und Anzahl der Benutzer.
Im Gegensatz zu einem Kauf der Software und einer lokalen Installation wird in diesem Modell die Anwendung auf den Servern des Softwareanbieters betrieben. Dieser agiert als Application Service Provider. Der Zugriff erfolgt über ein öffentlich zugängliches Rechnernetz. Die Softwarelösung ist dabei meist browsergestützt, sodass ein globaler Zugriff permanent möglich ist.
Die Investitionen gegenüber einem kompletten Softwarekauf halten sich bei diesen Lösungen in Grenzen, denn es entstehen keine hohen Kosten beim Kauf der Hardware und der Lizenzierung der Software. Der Support für die Dienstleistung ist zudem im Mietpreis inbegriffen.
Ein weiterer Vorteil ist die zeitnahe Implementierung in den laufenden Betrieb, da oftmals keine speziellen Anpassungen an der bestehenden IT-Infrastruktur vorgenommen werden müssen.
Synonyme zum Begriff Software on Demand sind Enterprise Resource Planning Software oder vereinfacht Bürosoftware.

---

[22] Vgl. (Hansen/Neumann, Wirtschaftsinformatik 1, 10. Auflage)

6.1.2. Software as a Service

Artverwandt ist der Begriff Software as a Service. Saas ist ein Teilbereich des Cloud Computing. Das SaaS-Modell basiert auf dem Grundsatz, dass die Software und die IT-Infrastruktur bei einem externen IT-Dienstleister betrieben werden. Beides wird vom Kunden als Service genutzt. Auch hier erfolgt der Zugriff über einen Webbrowser. Die Nutzung wird über eine Pauschale berechnet. Zu diesem Zweck wird die gesamte IT-Infrastruktur, einschließlich aller administrativen Aufgaben, ausgelagert, und der Servicenehmer kann sich auf seine Kernkompetenzen konzentrieren. Ein weiterer wesentlicher Punkt ist die Verlagerung des Risikos auf den Cloud-Provider. Sicherheitsrelevante Aspekte werden bei diesem Modell zumindest teilweise vom Dienstleister übernommen. Auch hier ist das primäre Ziel, Investitionskosten durch Auslagerung von IT-Infrastruktur und IT-Aufgaben einzusparen. Die Skalierbarkeit von SaaS-Lösungen bietet dem Nutzer eine hohe Flexibilität. Der Cloud-Provider ist in der Verpflichtung, jederzeit flexibel auf neue Anforderungen der Kunden zu reagieren. Typische Anforderungen sind eine höhere Leistungen, eine größere Kapazitäten, eine neue Anwendung oder ein 24-Stunden-Service.

6.2. Cloud Computing

Hierbei handelt es sich um einen relativ neuen Ansatz. IT-Infrastrukturen werden dem tatsächlichen Bedarf angepasst, indem diese über ein öffentliches Netzwerk bereit gestellt werden. Die Ressourcen stehen dabei einer Vielzahl von Nutzern zur Verfügung. Im Vordergrund stehen dabei die Anpassungsfähigkeit der wechselnden Kapazitätsansprüche und eine hohe Ausfallsicherheit. Ein wesentliches Merkmal ist die Skalierbarkeit. Um dieses Ziel zu erreichen, nutzt der Dienstleister global verteilte Rechnernetze, wie beispielsweise Serverfarmen, über die er Speicher - und Rechenkapazität und auch Programme anbietet. Für den Nutzer ist dabei nicht nachvollziehbar, auf welchem Server im Netz seine Speicherung oder Verarbeitung erfolgt.

Große IT-Hersteller wie Hewlett Packard, IBM, Intel und Microsoft, aber auch Online-Anbieter wie Amazon oder Google verstärkten die Ausrichtung auf diese Konzeption. Bereits 2008 hat Microsoft mit *Windows Azure* ein Betriebssystem angekündigt, das alle intern genutzten Microsoft-Programme alternativ als Online-Dienste in einem extern geführten Rechenzentrum betreibt.

7. Fazit

Die Seminararbeit hat gezeigt, dass es trotz der Tendenz zum IT-Outsourcing und IT-Offshoring und der damit verbundenen Chancen eine Vielzahl von positiven und negativen Gründen gibt, die gegeneinander abgewogen werden müssen. Auch wenn derzeit ein Trend hin zum Auslagern von Aktivitäten und Prozessen besteht, so ist eine kritische Würdigung dieses strategischen Schrittes notwendig und erforderlich. Eine detaillierte und vor allem neutrale Risikobewertung ist unabdingbar und unter rein geschäftspolitischen Gesichtspunkten zu empfehlen.

Um zukunftsorientiert eine Entscheidung treffen zu können, muss eine detaillierte Analyse und Risikobewertung anhand der vorgestellten Parameter erfolgen. Primär stehen die Ziele Kostensenkung und Erhöhung der Flexibilität im Vordergrund. Werden positive Erkenntnisse für eine Auslagerung erarbeitet, so sind dennoch die Randziele kritisch zu beurteilen. Gelangt man zu der Erkenntnis, dass sich eine Auslagerung im Rahmen von Outsourcing oder sogar Offshoring lohnt, so sind mittels einer durchdachten Umsetzung zeitnah Synergie- und prinzipiell Einsparungseffekte zu erzielen. Die wesentlichen Vorteile liegen in qualitativen, quantitativen, monetären und zeitlichen Bereichen. Die Nutzung dieser Vorzüge schafft einen Wettbewerbsvorteil, der bei den heutzutage eng kalkulierten Margen einen strategischen Aspekt mit sich bringt. Wichtig ist dabei, dass die Umsetzung des Vorhabens genau geplant wird und im Unternehmen auf die notwendige Akzeptanz stößt. Letztlich ist der Bereich, der am meisten entlastet werden soll, auch der Unternehmensteil, welcher am

meisten mit- und zuarbeiten muss. Unter anfechtenden Gesichtspunkten kann diese Rationalisierungsmaßnahme auch zu einem dauerhaften Verlust von IT-Arbeitsplätzen im Auslagerungsbetrieb führen. Eine sensible Kommunikation und Integration bei diesem Schritt ist somit auch unter arbeitspsychologischen Aspekten mehr als wünschenswert.

Neben diesen weichen Faktoren ist auch eine prozessuale Planung unabdingbar. Basierend auf dem vorgestellten Wasserfall-Modell sind die einzelnen Phasen schrittweise zu planen und anschließend zu durchlaufen. Effizienzkriterien wie Kosten und Zeit müssen einen permanenten Richtwert darstellen.

Probleme, die der Eigenbetrieb von IT-Systemen mit sich bringt, werden bei der Fremdvergabe auf den Dienstleister abgewälzt. Die IT kann wieder ihre unterstützende Rolle wahrnehmen und das Unternehmen hat die Möglichkeit, sich auf die Kernkompetenzen zu konzentrieren. Dieser Bezug auf den komparativen Vorteil des Unternehmens sollte unter all den genannten Gesichtspunkten ein wesentlicher Punkt sein, um nach Abwägung aller bekannten Risiken zu dem Entschluss einer Auslagerung von IT-Aktivitäten und –Prozessen zu kommen.

Hybride Lösungen bieten zudem die Möglichkeit, die dargelegten Vorteile zu nutzen, ohne große Umstrukturierungen und kostenintensive Projekte planen und durchführen zu müssen. Entsprechende technische Trends sind bereits gestartet und sollten bei diesen Vorhaben einkalkuliert werden.

V. Literaturverzeichnis

Baum, Andreas/Klaus, Martin; Auslagerung von Prozessen – Konzept zur Erstellung einer unternehmensspezifischen Entscheidungshilfe; in: Fortschrittliche Betriebsführung und Industrial Engineering; 42. Jahrgang; Nr. 6; 1993

Bäumer, Christian; Meinungsspiegel zum Outsourcing; in: Betriebswirtschaftliche Forschung und Praxis; ohne Jahrgang; Heft 4; 1994

Buhl, Hans Ulrich; Outsourcing von Informationsverarbeitungsleistungen und Steuern; in: Schmalenbachs Zeitschrift für betriebswirtschaftliche Forschung; Jahrgang 45; Heft 4

Bundesamt für Sicherheit in der Informationstechnik; IT-Grundschutzkataloge; B 1.11 Outsourcing; Stand 2009; https://www.bsi.bund.de/ContentBSI/grundschutz/kataloge/baust/b01/b01011.htm; Internetrecherche am 28.12.2011

Dangel, W. : Risiken und Chancen durch Outsourcing, Verbesserung der Wirksamkeit der Informatik, in Output, 1994, Heft 1

Hansen, Hans Robert/Neumann, Gustaf; Wirtschaftsinformatik 1; 10. Auflage; Lucius & Lucius Verlagsgesellschaft mbH; 2009

Heinzel, Armin/ Stoffel, Karl; Formen, Motive und Risiken der Auslagerung der betrieblichen Datenverarbeitung; in: D-Management; Heft 4; 1992

Hofmann, Jürgen/Schmidt, Werner; Masterkurs IT-Management; 2. Auflage; Vieweg & Teubner Verlag; 2010

Jouanne-Dietrich, Holger von; Die ephorie.de – Das Management-Portal; IT-Sourcing-Map; Eine Orientierungshilfe im stetig wachsenden Dschungel der Outsourcing-Konzepte; http://www.ephorie.de/it-sourcing-map.htm; Internetrecherche am 05.12.2011

Knolmeyer, Gerhard; Informationsmanagement: Outsourcing von Informatikleistungen; in: Wirtschaftswissenschaftliches Studium; Heft 7; 1992

Mertens, Peter/Knolmayer, Gerhard; Organisation der Informationsverarbeitung: Grundlagen – Aufbau – Arbeitsteilung, 3. Auflage; Gabler Verlag; 1998

Meyerolbersleben, Stefan; Ecin.de; IT-Offshoring - Was geht? Was geht nicht? http://www.ecin.de/strategie/offshoring/ ; Internetrecherche am 26.11.2011

Skubch, Norbert/Jakuvczik, Gert-Dieter; Outsourcing: Auf der Suche nach der optimalen Leistungstiefe; http://www.jsc.de/downloads/0_Outsourcing.pdf; Internetrecherche am 07.12.2011

Szyperski, Norbert; Outsourcing als strategische Entscheidung; in: Online – Journal für Informationsverarbeitung mit OEVD; ohne Jahrgang, Heft 2, 1993

Treber, Udo/Teipel, Philip/Schwickert, Axel; Total Cost of Ownership – Stand und Entwicklungstendenzen 2003; Arbeitspapiere Wirtschaftsinformatik; Nr. 1 / 2004; http://wiwi.uni-giessen.de/home/Schwickert/arbeitspapiere-wirtschaftsinformatik/; Internetrecherche am 04.01.2012

www.ingramcontent.com/pod-product-compliance
Lightning Source LLC
LaVergne TN
LVHW042258060326
832902LV00009B/1121